Sylvia 

ANDRÁS TASNÁDI KUBACSKA

# Die kleine Ameise

Corvina

Titel des Originals: Hangyácska,
Móra Könyvkiadó, 1977
Aus dem Ungarischen übertragen von
Valér Nagy

ISBN 963 13 1154 6

Vertrieb nur in der Deutschen
Demokratischen Republik
EDV-Bestellnummer 309 740 4

# EIN TAG DER KLEINEN AMEISE

Am Morgen weckten die ersten Strahlen der Sonne die kleine Ameise. Sie rieb schläfrig ihre Hinterbeine aneinander. Anscheinend – dachte sie – wird es heute ein sonniger Tag.

Ihr müßt wissen, daß sich die Ameisen jeden Morgen sorgfältig putzen. Dazu haben sie an den Vorderbeinen zwei prächtige Werkzeuge: einen Kamm und eine Bürste aus Chitinhärchen. Damit säubern sie ihren Körper gründlich von Schmutz. Tagsüber kämmen sie sich mehrmals die Fühler.

Die Ameisen sind nämlich sehr reinliche Insekten, und ihr Chitinpanzer glänzt nur so in der Morgensonne.

Im Ameisenhaufen begann die morgendliche Geschäftigkeit. Jedes Tier kannte seine Arbeit, Faulenzer und Tagediebe wurden im Haufen nicht geduldet.

An den Eingangstoren fand gerade die Wach-

ablösung statt. Dabei schoben die Wächter ihre breiten, flachen Köpfe eng nebeneinander in die Öffnung und ließen nur die zum Haufen gehörenden Ameisen hinein. Der Ankömmling klopfte sanft mit seinen Fühlern an die Stirn des Wachtpostens. Vor dem, der das Zeichen nicht kannte, öffnete sich das lebende Tor der Ameisenburg nicht.

Eine Ameisenschar machte sich auf, um Nahrung heranzuschaffen. Auch die kleine Ameise gehörte zu ihnen. Sie war sehr pfiffig, denn sie lief möglichst durch das hohe Gras. So war ihr Weg wenigstens schattig, im Gegensatz zu sandigen Pfaden. Dort war der Boden dermaßen heiß, daß einem die Sohlen geradezu brannten.

Das war sehr unangenehm, um so mehr, als die kleine Ameise sechs Beine hatte wie jede andere Ameise.

Sie stellte sich schon vor, wie gut es wäre,

in einer dunklen Kammer des Ameisenhaufens auszuruhen, schämte sich dann aber.

‚Die anderen zu Hause arbeiten schließlich auch emsig', dachte sie.

Plötzlich hielt sie inne.

‚Nanu', dachte sie, ‚was für einen feinen Duft der Wind daherweht! Wenn ich nicht irre, ist irgendwo in der Nähe ein gedeckter Tisch.'

So war es auch. Im Gras lag eine reife Pflaume. Sie war wahrscheinlich erst vor kurzem vom Baum gefallen und bei dem Aufprall auf die Erde – patsch – aufgeplatzt Als die kleine Ameise den Geruch des reifen Fruchtsaftes wahrnahm, lief sie schneller.

„Ich habe sie abgeschüttelt", prahlte der Wind.

Die kleine Ameise antwortete nicht, denn sie verstand die Sprache des Windes nicht. Mit den Kiefern zwickte sie von der Pflaume ein Stückchen ab. Dann lief sie um die riesige Frucht, die sich vor ihr wie ein Berg erhob, herum und machte sich zum Ameisenhaufen auf.

Soviel Essen ist für eine kleine Ameise ein viel zu großer Bissen. Alle Bewohner des Ameisenhaufens könnten davon satt werden. ‚Und was für eine süße Frucht dieses riesige Etwas ist', dachte sich die kleine Ameise. ‚Man muß davon soviel wie möglich nach Hause schaffen.'

Sie war so sehr in diese angenehmen Gedanken vertieft, daß sie gar nicht bemerkte, daß ihr jemand auf dem Pfad entgegenkam, bis eine andere Ameise vor ihr stand und sie mit den

Fühlern berührte. Denn die Ameisen begrüßen sich mit den Fühlern und sprechen auch auf diese Weise miteinander. Sie schütteln sich nicht die Hände wie Peter und Paul, wenn sie einander begegnen, sondern klopfen mit ihren Fühlern.

So geschah es auch jetzt.

„Lauf auf diesem Wege weiter, dort liegt eine große Frucht. Ich gehe und sage den Arbeitern im Haufen Bescheid."

Auch die andere Ameise war hungrig.

„Das ist fein!" rief sie und eilte so schnell sie konnte in die angegebene Richtung.

Im Ameisenhaufen verbreitete sich blitzschnell die Nachricht von dem glücklichen Fund der kleinen Ameise. Eine ganze Kara-

wane brach auf, um das Geschenk des Windes zu zerkleinern und in die Speisekammer zu schaffen. Immer neue Ameisenscharen erschienen, um zu helfen.

Die kleine Ameise hatte schon geraume Zeit ein eigenartiges Summen gehört. Sie hatte den Verdacht, daß es von den Flügeln der Bienen oder Wespen herrührte.

So war es auch: Einige flinke Raubwespen waren erschienen. Der starke Pflaumenduft hatte sie angelockt. Mit den kleinen Ameisen wußten sie nichts anzufangen, sie zeigten nur drohend ihre Stacheln.

Die kleine Ameise beobachtete von einem hohen Steinhaufen aus den Angriff der Wespen. Es kamen immer mehr. Das Gesumme der Wespen aber wurde durch einen fernen Donner übertönt. Ein starker Sturm war im Anzug. Im Nu verschwanden die Wespen, flogen heim in die Wespenburg. Aber den Ameisen drohte eine größere Gefahr.

Es bewölkte sich, der Schatten der Gräser wurde länger. Die kleine Ameise fühlte durch und durch, daß der aufkommende Wind heftiger war als der, der vor kurzem die reife Frucht abgeschüttelt hatte: ein richtiger wilder Orkan

zog heran mit schwarzen Wolken und strömendem Regen.

Eine große Gefahr für den Ameisenhaufen! Auch die kleine Ameise konnte nicht weitergehen. Sie kauerte sich unter ein großes Klettenblatt und senkte den Kopf.

Als sich der Sturm verzogen hatte, fanden die Gefährten alsbald unter dem Klettenblatt die vor Kälte zitternde Ameise. Zwei von ihnen eilten fort, um Hilfe zu holen.

Als der Rettungstrupp angekommen war, wurde der Körper der kleinen Ameise trockengerieben. Dann wurde sie nach Hause gebracht.

Und das war keine leichte Sache: Überall verlegten kleine Wasserrinnen den Ameisen den Weg. Die Ameisen aber verloren nicht den Kopf. Wie auf Kommando begannen sie, Holzstückchen, Erdklumpen und Sandkörner am Ufer des Wassers zusammenzutragen. Immer mehr Ameisen beteiligten sich am Bau des Dammes. Dann wurden auch die am gegenüberliegenden Ufer wartenden Ameisen aufmerksam und brachten Erde und Schutt, bis endlich nach stundenlanger geduldiger Arbeit die beiden Teile des Dammes über der Wasserrinne zusammentrafen.

Jetzt konnte der sich schlängelnde Zug der zur Arbeit eilenden Ameisen schon von beiden Ufern her die Wasserrinne überqueren.

Hier und da freilich, wo die Strömung des winzigen Bächleins stärker war, purzelten einige unvorsichtige Ameisen vom Ufer ins

Wasser. Diese wurden aber von den anderen leicht wieder aufs Trockene gezogen.

Überall wurde fleißig gearbeitet. Das Gefühl der Zusammengehörigkeit, der Wille, das gemeinsame Ziel zu erreichen, wirkten Wunder. Und doch taten die Ameisen nur, was sie tun mußten, was ihnen ihr Instinkt eingab.

Die kleine Ameise sah schon von weitem, daß Sturm und Regen den alten Ameisenhaufen völlig zerstört hatten: Der obere Teil des Haufens war verschwunden. Er war gewissermaßen in die Tiefe versunken, bestand er doch zum Großteil aus in die Erde gegrabenen Gängen und Kämmerchen. Der ganze Ameisenhaufen lehnte sich an einen mächtigen, schneeweißen Felsen, der in einen grünen Moosteppich eingebettet war. Der Stein und die Wurzeln eines Baumes hatten dem Toben des Sturmes standgehalten, und diesem Umstand war es zu verdanken, daß die unterirdischen Gänge und Kammern größtenteils unversehrt geblieben waren.

Die Krankenträger brachten die kleine Ameise auf eine erhöhte Stelle der unterirdischen Vorhalle, von wo sie bequem in das warme Halbdunkel hinunterschauen konnte, das auf kurze Zeit von einzelnen verirrten Lichtstrahlen beleuchtet wurde. Sie sah, wie Tausende von

Ameisen die Trümmer fortschafften, mit dem aus Erde und dem eigenen Speichel gemischten „Mörtel“ die rissig gewordene Decke verputzten. Die Ameisen dachten auch daran, an den Seitenwänden Lüftungslöcher frei zu lassen. Die kleine Ameise konnte bald spüren, wie durch den Luftzug die feuchte und schwüle Luft ausgetauscht wurde.

Und das war auch nötig. Die in den feuchten Kammern und unterirdischen Höhlen zusammengetragenen Lebensmittel wären ohne Lüftung verdorben. Auch die sorgfältig gepflegte Nachkommenschaft, die weichen Larven, wären eingegangen.

Die Ameisen trugen für alles Sorge. Die kleine Ameise sah, daß ihre Gefährten nicht nur die Trümmer fortschafften, sondern auch die in den unterirdischen Kammern aufgehäuften Lebensmittel sorgfältig durchsahen. Verdorbene, verschimmelte oder gärende Lebensmittel kamen auf den Abfallhaufen.

Zugleich kamen neue Ameisenscharen mit frischen Lebensmitteln.

Im unterirdischen Dämmerlicht sah die kleine Ameise zu, wie aus fleißig zusammengetragenen Samen, hauptsächlich aus Grassamen bestehende Lebensmittel von den Ameisen förmlich zu Mehl zerkaut wurden. Das Samenmehl wurde mit Speichel vermischt und mit diesem „Ameisenbrot“ wurden die Larven und die hungrigen Arbeiter gefüttert. Wenn sie hungrig waren, gaben sie mit den Fühlern Zeichen.

Die kleine Ameise ruhte nicht lange aus. Als sie wieder trocken geworden und die Starre aus ihren Gliedern gewichen war, erhob sie sich und ging zu den Gefährten, um ihnen bei der Arbeit zu helfen.

Zuerst half sie jenen Ameisen, die die weißen Larven und Puppen vor dem Sturm in die geschützteren, tieferen Kammern des Ameisenhaufens getragen hatten und diese jetzt in die oberen, wärmeren Teile des Haufens zurücktrugen.

Die weichen Larven spinnen die Puppe – auch Kokon genannt — selbst um ihren Körper. Dieses Gespinst schützt sie wie ein Mantel. Die Ameisen trugen die Puppen unermüdlich dorthin, wo gerade Wärme und Feuchtigkeit zur Entwicklung der Nachkommen am günstigsten sind. Das ist eine große Arbeit. Sie wird tagsüber unentwegt von vielen Ameisen verrichtet. Wird der Ameisenhaufen beschädigt, von Mensch oder Tier zerwühlt, erscheinen sofort die Arbeiter, raffen erschrocken die Puppen, die „Ameiseneier“, auf, halten sie mit ihren Kiefern und schleppen sie in den tieferen Teil der Burg, in die geschützteren Kammern.

Das Leben war nie eintönig, weder im oberen Teil des Ameisenhaufens noch in dessen Tiefe. Die kleine Ameise mußte sich entweder an den Bauarbeiten, an der Fortschaffung der Trümmer beteiligen, oder, wie wir gesehen haben, an der Brutpflege. Wo immer man sie brauchte, sie wußte stets, was sie zu tun hatte.

Aber auch im emsigen Ameisenleben gab es kleinere und größere Sensationen.

Es geschah an einem Tage kurz vor der Abenddämmerung. Draußen am Waldrand hatte ein Bär den größtenteils aus vorjährigen Kiefernnadeln bestehenden Haufen der großen roten Ameisen zerstört. Meister Petz war hungrig und suchte Nahrung. Er schob seine mächtige Pfote unter den Ameisenhaufen und stürzte ihn um, als ob er eine riesengroße Geburtstagstorte gewesen wäre.

Die roten Ameisen waren von dem Bärenbesuch über alle Maßen überrascht und erschrocken. Alle liefen auseinander. Eine von ihnen flüchtete in den Haufen der kleinen Ameise, unter ihre Gefährten, die eben schlafen gehen wollten. Das hatte noch gefehlt! Niemand war entzückt über den neuen Ankömmling.

Die rote Ameise rannte in den weiten Gängen des unbekannten Haufens umher, suchte verzweifelt einen Ausgang und bemerkte in der Aufregung gar nicht die kleinen Ameisen. Sie rannte sie einfach um und eilte weiter, überall Trümmer hinter sich lassend, bis sich schließlich mehrere Bewohner des Haufens auf sie stürzten.

Alle Ameisen schossen auf einmal ihre giftige Säure, die Ameisensäure, auf den Eindringling.

Die scharfe Säure betäubte den viel größeren Gegner, der sich weder verteidigen noch flüchten konnte.

Vor der kleinen Ameise und ihren Gefährten lag besiegt die riesige, mehr als drei Zentimeter große rote Waldameise.

# DIE KLEINE AMEISE MACHT EINE ENTDECKUNGSREISE

„Guten Morgen!" grüßte die eine Wächterameise. „Wohin so früh? Unter den Sträuchern und Bäumen liegt ja noch der kalte Morgennebel. Du wirst dich erkälten."

Die kleine Ameise winkte fröhlich der mächtigen Wächterameise zu:

„Keine Angst. Vorhin habe ich den Kopf durch eine Lüftungsöffnung hinausgesteckt und gespürt, daß draußen ein warmer Wind weht."

Und sie ging durch das offene Tor ins Freie.

Immer höher stieg die Sonne am Himmel. Die kleine Ameise hatte noch nicht den Rand des Waldes erreicht, als sie schon fühlte, daß es immer heißer wurde. In der Nähe wuchs ein Löwenzahn mit einer weißen Haube. Der Wind trug einige Samen der Haube davon. Von jedem Samen winkte eine weiße Fahne der kleinen Ameise zu.

„Komm mit uns! Die Welt ist schön! Überall nur Sonnenschein."

Die kleine Ameise lachte:

„Ja, wenn auch ich fliegen könnte! Aber es ist besser, ich bleibe hier auf der sicheren Erde. Eine Ameise kann sich leicht den Hals brechen, auch wenn sie auf dem Rücken des Windes, auf einem Blumenblatt reist. Leider können wir Ameisen nicht nach Belieben fliegen."

Plötzlich ertönte eine dröhnende Stimme über ihrem Kopf.

„Hoho! Wohin so eilig?"

Die kleine Ameise sah sich um. Auf langen Beinen wippte eine mächtige Heuschrecke auf einem Grasbüschel am Straßenrand.

Mit ihrem steifen Panzerkragen, den gezückten Fühlern und stacheligen Beinen erinnerte sie an einen kriegerischen Ritter. Die kleine

Ameise aber wußte genau, daß unter dem kämpferischen Äußeren nur ein grasfressender, harmloser Riese steckte.

„Komm, frühstücken wir zusammen!"

Die kleine Ameise kicherte vergnügt.

„Ich fresse kein Gras, nicht einmal zum Frühstück."

„Es ist aber gesünder, von Blättern und Obst zu leben als von Wurst oder Speck", erwiderte die Heuschrecke.

„Ich bin eine arme kleine Waldameise und sehe Wurst oder Speck nicht einmal an Feiertagen."

„Dann also lebe wohl", schnarrte die Heuschrecke und huschte mit einem einzigen Anlauf über den Kopf der kleinen Ameise hinweg.

„Ein strammer Bursche war das", lachte sie und wandte ihre Fühler in eine andere Richtung.

„Guten Morgen, Gevatter Schnecke, es muß wohl ermüdend sein, so über Berg und Tal zu kriechen."

Langsam wandte ihr die Schnecke ihre Fühler zu.

„Kommst du vielleicht im Gras rascher vorwärts? Wenn du die Welt sehen willst, mußt du immerfort auf Grashalme und Bäume klettern. Ich aber lasse bequem meine Augen auf den kleinen Hörnchen herumgehen und sehe gleichzeitig alles, die Welt vor mir und die Welt hinter mir."

Die kleine Ameise wollte eben mit der Schnecke noch weiter plaudern, als ein kleiner Schmetterling mit blauen Flügeln vor ihnen aufblinkte. Tänzelnd, schaukelnd flatterte er über ihnen dahin, direkt in Richtung Waldwiese. Sie verabschiedete sich von der Schnecke und versuchte, dem Schmetterling rasch zu folgen, da es ihn noch sehen wollte. In der Mitte der Waldwiese zog sich eine tiefe Wagenspur dahin, in der handgroße Wasserlachen glitzerten.

Die kleine Ameise wandte sich um und bemerkte, daß Hunderte und aber Hunderte von solchen kleinen Schmetterlingen mit blauen Flügeln nebeneinander in der Wagenspur saßen. Die Flügelchen hatten sie aneinandergelegt.

„Was machen die denn hier?"

Vom moosbedeckten Straßenrand antwortete die aprikosenblätterige Glockenblume:

„Sie sitzen dort, weil sie durstig sind. Wenn sie ihren Durst auf der feuchten Erde gestillt haben, fliegen sie weiter. Hier ist der Boden immer feucht, sogar im Hochsommer."



Kaum war das Glöcklein der Glockenblume verstummt, stieg eine wahre blaue Wolke empor, und die vielen, vielen Schmetterlinge flogen weiter.

Ringsum auf der Waldwiese blühten die allerschönsten Blumen. Wilde Bienen kreisten und summten emsig über ihnen, Libellen ließen sich auf ihnen nieder. Die kleine Ameise hatte schon oft davon gehört, daß im Walde auch Riesen leben, deren Stimme wie das Donnern des Gewitters klingt.

Ein geheimnisvoller, dunkler Tannenwald erstreckte sich auf der anderen Seite der Waldwiese. Die Schatten vermischten sich miteinander. ‚Dort müssen die Waldriesen leben', dachte die kleine Ameise und ging weiter dem Wald entgegen.

Es ist wahrlich kein Spaß, sich so allein auf eine Entdeckungsreise zu machen. Aber was könnte es einer kleinen Ameise im Riesenland schon nützen, wenn hundert oder auch tausend kleine Ameisen es unter den mächtigen Bäumen begleiteten!

Im Riesenland leben natürlich Riesenameisen – erzählte man seinerzeit der kleinen Ameise. Wo alles riesengroß ist – hieß es – dort sind auch die Ameisen riesengroß. Diese Riesenameisen sind fürchterliche, grobe Kerle und leben in großen Ameisenhaufen.

Die kleine Ameise hatte von denen, die schon auf den uralten Ameisenpfaden gewandert und in den Tannenwald hineingekommen waren, gehört, daß dort in den einzelnen Ameisenhaufen oft mehr als eine Million riesiger roter Ameisen leben. Auch hat man erzählt, daß diese Ameisen mehrere Zentimeter lange Riesen sind und jeden angreifen, der sich untersteht, sie in ihrem Wohnort zu stören. Sie vernichten sehr viele Raupen und Käfer.

Dann muß man auch wissen, daß in der Nachbarschaft der riesigen Ameisenhaufen, nur einige Meter von diesen entfernt, kleinere Nebenameisenhaufen gebaut werden. Unterirdische Gänge verbinden diese kleineren Haufen mit der zwei Meter hohen Ameisenburg, die einen Umfang von neun Metern haben kann.

Wehe den Fremden, auch den fremden Ameisen, die sich in die Nähe so einer Ameisenburg wagen! Die Ameisenwächter alarmieren alle Bewohner des großen Ameisenhaufens, die sich dann auf die Eindringlinge stürzen und sie vertreiben oder gar töten.

Die kleine Ameise staunte angesichts des riesigen Haufens. Der Ameisenbau war aus Kiefernnadeln errichtet. Die Kiefernnadeln waren aufeinandergehäuft und stellenweise mit Erde verschmiert. Am hausdachförmigen Ameisenhaufen floß der Regen leicht herab, ohne den Bau zu beschädigen. Man sah auch, daß die riesigen roten Ameisen um den Haufen herum alle Gräser und Waldblumen sowie das Unkraut beseitigt hatten, sicher, um sich nähernde Fremde leichter wahrzunehmen.

Ein eigenartiges Murmeln war zu hören. Die kleine Ameise wollte schon fliehen, denn sie fürchtete sich vor den Riesen. Aus dem dunklen Schatten unter den Bäumen aber trottete nur Meister Dachs hervor. Er murmelte und brummte, als ob er mit sich selbst redete:

„Verschwinde von hier, bevor es zu spät ist“, warnte er. „Wenn die großen roten Ameisen dich bemerken, zerreißen sie dich im Nu. Auch ich bin bei ihnen schon übel angekommen.“

„Warum, was ist geschehen?"

„Das Wildschwein und seine Frischlinge suchten nach Nahrung und wühlten die Umgebung auf. Sie zertrampelten dabei auch den riesigen Ameisenhaufen. Die Jungen liefen danach quietschend fort. Nichtsahnend hielt ich mich gerade in der Nähe auf, und das aufgereizte Ameisenvolk stürzte sich auf mich. Tagelang konnte ich mich von den Bissen nicht erholen. Feine Verwandte hast du, das muß ich schon sagen!"

Die kleine Ameise lachte:

„Was das anbelangt: Die riesigen Ameisen haben auch einen riesigen Biß."

„Geh, du Schelm! Im Tannenwald leben keine Riesen, und Riesenameisen gibt es nicht, nur großgewachsene Ameisen, aber so viele, daß jedes kluge Waldtier sich hütet, mit ihnen zusammenzugeraten und sogar die Umgebung dieser Haufen meidet."

Die kleine Ameise befolgte den Rat und wollte den Wald verlassen. Sie lief und lief, so daß die Straße unter ihren Füßen staubte.

Sie erreichte schließlich den Waldrand. Auch hier war sie noch nie gewesen. Der grüne Rasen und die Blumen wurden hier von einem Getreidefeld abgelöst. Hoch am blauen Himmel sang eine Lerche. Vor der kleinen Ameise tat sich die Welt auf. Jenseits des Waldes, jenseits der Waldblumen, des hohen Himmelsweges der Lerche, jenseits von alledem, von den im Nebel verschwindenden fernen blauen Bergen umrahmt, breitete sich vor ihren Augen eine ganz neue Welt aus. Eine Reihe von Getreidefeldern von Menschenhand gesät und bestellt. Wie Gold schimmernde Weizenfelder im Licht der Abenddämmerung. Eine Zeitlang stand sie still, dort, wo eine Hecke aus stacheligen Hagedorn- und Schlehdornsträuchern den Wald umsäumte. Nach dem langen Weg zitterte sie an allen Gliedern vor Müdigkeit. Da raschelte das dürre Laub, und sie fuhr er-

schrocken zusammen. Unter den vorjährigen trockenen Blättern steckte eine Waldmaus den Kopf hervor und schnupperte in die Welt hinein. Es war ein putziges Tierchen mit den unter der Schnauze zitternden spärlichen Härchen und den glänzenden, ständig ängstlich dreinblickenden Knopfaugen.

„Pst! Auf ein Wort, kleine Ameise!"

Müde sah die kleine Ameise die Waldmaus an. Was mochte die wohl von ihr wollen?

„Hast du nicht irgendwo die schreiende Eule fliegen sehen? Wenn du es nicht wissen solltest, sie ist der Schreck der Mäuse. Wenn schon jedes ordentliche Tier schlafen möchte, geht die Eule in dem in der Abenddämmerung versunkenen Wald auf Jagd."

„Aber ein so großer, fauler Vogel wie die Eule wird doch nicht auf ein so winziges Tierchen wie die Maus Jagd machen!"

„Und ob", piepste das Mäuschen und kroch in sein aus trockenem Laub gebautes Lager zurück.

‚Sieh da! Auch für mich wird es langsam Zeit heimzukehren.‘

Die kleine Ameise wußte, daß dort, wo sich im Wald der Pfad hinschlängelt, beiderseits Adonisröschen blühen. Diese weißen Blüten öffnen sich, wenn es zu dunkeln beginnt. Die Pflanze ist mit feinen silbrigen Härchen bedeckt. Als ob dieses liebliche Blümchen den rechten Weg nach Hause zeigen wollte.

Auf ihrer Wanderung gelangte die kleine Ameise auf die blumige Waldwiese. Verwundert sah sie, daß in dem durch das Laub der Bäume schimmernden Mondschein die Farbe der Blumen anders war als bei Tage. Die Glokkenblume sah aus, als ob sie aus Glas oder Silber wäre. ‚Siehe da‘, dachte die kleine Ameise, ‚alles hat einen so kalten Glanz, und ich zittere vor Kälte und Müdigkeit. Es wäre jetzt jedenfalls besser, im warmen Ameisenhaufen zu schlafen als in der Nacht hier zu frieren. Genug von der Weltreise! Aber interessant ist diese weite Welt! Ihre Geheimnisse machen uns vergessen, daß wir Ameisen den größten Teil unseres Lebens in düsteren unterirdischen Gängen verbringen.‘ So dachte sie, und fügen wir gleich hinzu, daß sie mit Ameisenaugen gesehen auch recht hatte.

Manchmal, Monate später, erinnerte sich die kleine Ameise noch an diesen Ausflug. An die großen Schmetterlinge mit den farbigen Flügeln über den Glockenblumen oder an die kleine Waldmaus, die ängstlich durch das Laub huschte.

Ob das alles wohl nur ein Traum war? Träumen denn überhaupt die klugen kleinen Ameisen in ihren unterirdischen Kasematten? Wer weiß? Vielleicht wird einmal jemand dies herauszufinden suchen.